AF597217

LES FESTES DE L'ESTÉ,

BALET,

REPRESENTE' POUR LA PREMIERE FOIS PAR L'ACADÉMIE ROYALE DE MUSIQUE

Le Vendredy douziéme Juin 1716.

Remis au Théatre le Mardy 28. Août 1725.

Le prix eſt de quarante ſols.

A PARIS,

Chez la Veuve de PIERRE RIBOU, ſeul Libraire de l'Académie Royale de Muſique; Quai des Auguſtins, à la deſcente du Pont-Neuf, à l'Image S. Loüis.

M. DCC. XXV.

Avec Approbation & Privilege du Roy.

ACTEURS DANSANS
DU PROLOGUE.

SUITE DE VENUS.

Mademoiselle Menés.

Mesdemoiselles Delisle-L., Pety, la Martiniere.

PLAISIRS.

Messieurs Philebois-L., Philebois-C.

Mrs Myon, Tabary. Mesdemoiselles Lemaire, Verdun.

JEUX.

Mrs Dangeville, Lamotte. Mesdemoiselles Duval, Tyber.

ACTEURS DANSANS
DU BALET.

PREMIERE ENTRE'E.

BERGERS ET PASTRES.

Monsieur Myon, Mademoiselle Delisle-L.

Messieurs Dumoulin-L, Tabary, Pierret, Savar.

Mesdemoiselles Duval, Lemaire, Binet, la Martininere.

PASTRES.

Monsieur F-Dumoulin, Mademoiselle Pety.

Messieurs P-Dumoulin, Dangeville.

Mesdemoiselles Laseriere,, Tyber.

SECONDE ENTRE'E.

MARINIERS.

Monſieur D. Dumoulin.
Meſſieurs Laval, Maltaire-C.
Meſſieurs Dangeville, Lamotte, Tabary, Savar.
Mademoiſelle Prevôt.
Meſdemoiſelles la Ferriere, Binet, Deliſle-C.
la Martiniere.

TROISIE'ME ENTRE'E.

BAL.

MASQUES.

Mr. D-Dumoulin,
Mr. Dumoulin-L.
Mr. Myon.
Mr. Laval.
Mr. Maltaire-C.
Mr. Maltaire-L.
Mr. Pierret.
Mr. Javillier.

Mademoiſelle Prevoſt.
Mademoiſelle Duval.
Mademoiſelle Deliſle-L.
Mademoiſelle Pety.
Mademoiſelle Tyber.
Mademoiſelle Binet.
Mademoiſelle Verdun.
Mademoiſelle Deliſle-C.

ACTEURS CHANTANS
DU PROLOGUE.

LE PRINTEMS,	M. Tribou.
L'E'T E',	M. Grenet.
VENUS,	Mlle. Antier.
DEUX GRACES,	Mesdemoiselles Souris-L & Tettelette.
UNE AMANTE,	Mademoiselle Souris-L.

ACTEURS CHANTANS
DU BALET.

PREMIERE ENTRE'E.

LA MOISSON.

SILVIE,	Mademoiselle la Garde.
CLIMENE,	Mademoiselle Ermans.
DAPHNIS,	Monsieur Dun.
UNE MOISSONNEUSE,	Mademoiselle Souris-L.
UNE BERGERE,	Mademoiselle Tettelette.

SECONDE ENTRE'E.

LES BAINS.

ARGANTE,	Monsieur Lemire-C.
ZERBIN,	Monsieur Mantienne.
HORTENSE,	Mademoiselle Mignier.

DORIS, Mademoiselle Ermans.
LISIS, Monsieur Muraire.
UNE MARINIERE, Mademoiselle Souris-L.

TROISIE'ME ENTRE'E.

LE BAL.

VALERE, Monsieur Chassé.
OCTAVE, Monsieur Muraire.
BELISE, Mademoiselle Antier.
LUCINDE, Mademoiselle Lemaure.
DEUX MASQUES, Mr. Lemire-C, Mademoiselle Souris L.

Acteurs & Actrices chantans dans tous les Chœurs du Balet.

CÔTE' DU ROY.	CÔTE' DE LA REINE.
Mesdemoiselles	Mesdemoiselles
Constance.	Milon.
Souris L.	La Roche.
Dun.	Tettelette.
Antier-C.	Charlard.
Souris-C.	Perignon.
Monteau.	Ducoudray.
Dutilliée.	Gentilhomme.

Messieurs	Messieurs
Flamand.	Corbie.
Bremond.	Le Myre-L.
Saint Martin.	Morand.
Loüette.	Bertin.
Deshayes.	Dautrep.
Buzeau.	Corail.
Duplessis.	Houbeau.
Naudé.	Duchêne.

PROLOGUE DES FESTES DE L'ÉTÉ.

Le Théatre represente une Campagne, dont les beautez commencent à se flétrir, le Printemps paroît, il est environné d'Amants & d'Amantes qui lui font leur Cour.

SCENE PREMIERE.

LE PRINTEMPS *& sa suite.*

CHOEUR.

EGNE toujours, doux Printemps;
Tu rends tous les Cœurs contents.

LE PRINTEMPS.

Tendres Amants, Troupe fidelle,
Pour favoriser vos amours,
J'ai fait briller les plus beaux jours:
Mais en d'autres Climats la loi du sort m'appelle.

CHOEUR.

Regne toûjours, doux Printemps?
Tu rends tous les Cœurs contents.

LE PRINTEMPS.

Dans vos regrets je m'interesse,
J'aimerois à remplir vos vœux:
Pour vous rendre toûjours heureux,
Que ne puis-je regner sans cesse!

CHOEUR.

Regne toûjours, doux Printemps;
Tu rends tous les Cœurs contents.

LE PRINTEMPS.

Il faut partir, l'Eté s'avance.

CHOEUR.

Ah! ne nous ôte pas ton aimable presence.

LE PRINTEMPS.

Je m'éloigne à regret d'un si charmant séjour.

CHOEUR.

Il nous quitte! il fuit! il s'envole!

Le Printemps s'envôle.

SCENE II.

L'E'TE' *vient dans un char.*

JE viens de mes faveurs, vous combler à mon tour.

CHOEUR.

Il nous quitte! il fuit! il s'envôle!

L'E'TE'.

Quoi? rien ne vous console!

CHOEUR.

Si vous voulez regner, faites regner l'Amour.

L'E'TE'.

Au plus puissant des Dieux, il faut rendre les armes;
Que l'Amour, que Venus ici regne avec moi;
Reine de tous les Cœurs, viens, fais briller tes charmes,
On ne peut être heureux sans toi.

SCENE III.

VENUS, *Troupes d'Amours*, L'E'TE', *Troupe d'Amants & d'Amantes.*

VENUS.

LEs plaintes que je viens d'entendre
M'ont fait abandonner les Cieux.

L'E'TE'.

Faites le bonheur de ces lieux;
C'est de l'Amour qu'on doit l'attendre.

VENUS.

Je veux qu'au tendre Amour tous les cœurs soient soumis,
Sa gloire me fut toûjours chere;
Les victoires du Fils,
Font le triomphe de la Mere.

Amour ne cesse point de regner sur les cœurs:
Que tout ce qui respire,
Reconnoisse l'Empire
Du plus aimable des Vainqueurs,

CHOEUR.

Amour, ne cesse point de regner sur les cœurs:

Que tout ce qui respire,
Reconnoisse l'Empire
Du plus aimable des Vainqueurs.

UNE AMANTE *à Venus.*

Belle Venus, l'Amour comblé de gloire
Vôle avec vous de victoire en victoire.
C'est par ses traits que vos yeux sont vainqueurs,
Il vous fait part de ses plus fortes armes;
Mais à son tour il emprunte vos charmes
Pour triompher des plus superbes cœurs.

Belle Venus, &c.

On danse.

VENUS.

Que ces Prez, que ces Bois conservent leur verdure,
Plaisirs qui me suivez, vôlez de toutes parts;
Zéphirs enchantez les regards
Par la plus brillante parure;
Renouvellez ces Fleurs, ranimez ces Gazons,
Montrez à toute la nature
Que l'Amour doit regner dans toutes les Saisons.

Le Théâtre s'embellit, les Plaisirs accourent de toutes parts, les Zéphirs vôlent & font naître de nouvelles Beautez.

On danse.

DEUX AMANTES.

Que tour à tour
L'on chante & l'on soupire:

Que tour à tour
L'on chante un si beau jour.
Dans ce séjour
L'Amour tient son Empire:
Avec l'Amour
Tous les plaisirs sont de retour.

UNE AMANTE.

Dans ces lieux tranquiles
Tout rit à nos vœux:
Ils sont les aziles
Des ris & des Jeux;
Et l'aimable Mere
Du Dieu des Amants,
Doit quitter Cythere
Pour ceux lieux charmants.

On danse.

L'Amour regne en Maître
Sur ces verds Côteaux,
Pour nous il fait naître
Les jours les plus beaux:
La Saison nouvelle
Ornoit moins nos Champs;
Quand l'Amour s'en mêle,
Tout devient Printemps.

On danse.

UNE AMANTE.

Nos beaux jours sont pour la tendresse,
Aimons, le tems presse:
Qu'attendons-nous?

Les Plaisirs nous suivront sans cesse;
L'Amour sçait les rassembler tous.
Nos beaux jours, &c.

Tendre Jeunesse,
Que l'Amour blesse,
Te plaints-tu de ses coups?
Rien n'est si doux.

Nos beaux jours sont pour la tendresse,
Aimons, le tems presse:
Qu'attendons-nous?
Les Plaisirs nous suivront sans cesse;
L'Amour sçait les rassembler tous.

On danse.

VENUS.

Pour rendre cette Fête encor plus éclatante;
Il faut par de nouveaux Concerts,
Célébrer de mon Fils les triomphes divers,
Dans la Saison brûlante.
Que l'Astre qui donne le Jour,
a *Le Jour.* b *Le Soir.*
S'éleve dans[a] les Cieux, ou descende[b] dans l'Onde:
c *La Nuit.*
Qu'il plonge[c] l'Uunivers dans une Nuit profonde:
Tout est favorable à l'Amour.

PROLOGUE.

CHOEUR.

Que l'Aſtre qui donne le Jour,
S'éleve dans les Cieux, ou deſcende dans l'Onde;
Qu'il plonge l'Univers dans une Nuit profonde:
Tout eſt favorable à l'Amour.

Fin du Prologue.

LES

LES JOURS D'ÉTÉ.

PREMIERE ENTRÉE.

Le Théatre represente un Champ couvert d'Epics.

SCENE PREMIERE.

CLYMENE.

TOUS nos Champs sont couverts des Trésors de Cerés.
Ah ! que nôtre sort a d'attraits !

L'Amour veut que tout ſoupire
Dans un ſi charmant ſéjour :
Pour moi je n'y fais que rire
Des Amants & de l'Amour.
Les beaux jours de la Jeuneſſe
Sont pour les Ris & les Jeux ;
Ceux qu'on donne à la tendreſſe
Ne ſont pas les plus heureux.

L'Amour, &c.

Sylvie aime Daphnis, ſa peine eſt ſans égale ;
Je me fais un plaiſir d'irriter ſes ennuis,
Et je feins d'être ſa Rivale,
Toute inſenſible que je ſuis.
C'eſt elle-même qui s'avance :
Je veux augmenter ſi je puis,
Et ſon trouble & ſa défiance.

SCENE II.

CLYMENE, SYLVIE.

CLYMENE.

EST-ce pour cacher vos ſoupirs
Que vous cherchez la ſolitude?

SYLVIE.

Ignorez mon inquiétude ?
Je veux ignorer vos plaiſirs.

CLYMENE.

Eſt-ce un malheur ſi grand de perdre un cœur volage ?

SYLVIE.

Le ranger ſous ſes loix, eſt-ce un bonheur ſi doux?

CLYMENE.

Vous voyez mon triomphe avec des yeux jaloux?
Vous regretez Daphnis.

SYLVIE.

Un cœur qui ſe dégage
Ne mérite que mon couroux.

CLYMENE.

Vous l'accuſez d'être infidele ;
Il vous croit volage à ſon tour :
Ne peut-il pas chercher une chaîne nouvelle,
Quand vous brûlez d'un autre amour ?

Il croit qu'Idas a ſçu vous plaire.

SYLVIE.

C'eſt lui qui le premier rompt un ſi beau lien,
L'Ingrat, que n'avoit-il un cœur comme le mien !
Il n'auroit point de reproche à me faire.

CLYMENE.

Cachez-lui les regrets que vous me laiſſez voir.

SYLVIE.

Je réponds de mon cœur ; il ſera ſon devoir.

J'ai ſçu triompher de la flâme
Dont j'ai brûlé juſqu'à ce jour :
L'Amour eſt ſorti de mon ame ;
Le Dépit y régne à ſon tour.

CLYMENE.

Vous ne reſpirez que vengeance ;
Ce fier Dépit doit m'allarmer,
J'aimerois mieux un peu d'indifference,

SYLVIE.

Que craignez-vous ?

CLYMENE.

Peut-on aimer
Sans allarme & sans défiance ?

Les faveurs que l'Amour dispence
N'ont souvent qu'un éclat trompeur ;
Eh ! comment m'assûrer d'un cœur
Que je ne dois qu'à l'inconstance ?

Daphnis vous a manqué de foi,
Grace à son changement il soupire pour moi ?
Mais si le repentir à vos pieds le ramene...

SYLVIE.

Non, je lui jure une éternelle haine.

CLYMENE.

Contre un objet trop charmant
La vangeance n'est pas sûre :
En secret le cœur dément
Tout ce que la bouche jure,
Le dépit fait le serment ?
Un regard fait le parjure.

Adieu, pour vôtre gloire où je dois prendre part,
Evitez avec soin ce dangereux regard.

SCENE III.

SYLVIE.

LA Cruelle ! en partant, quels mépris elle étale !
Elle rit de mes feux secrets?
Et c'est en heureuse Rivale
Qu'elle joüit de mes regrets.

Amour, ne prétend pas que je t'écoute encore?
Va, fui trop funeste Vainqueur.
Mais, comment surmonter un penchant si flâteur?
Echos, témoins secrets du feu qui me dévore,
N'allez pas découvrir à l'Ingrat que j'adore
Qu'il regne toûjours dans mon cœur.
Ah! plûtôt, s'il se peut, qu'à jamais il ignore
Et son triomphe & ma langueur;
Amour, &c.

On entend une douce Symphonie.

Sylvie continuë.

Mais tout parle d'amour dans ce riant Bocage.
Des Oyseaux, le tendre ramage
Est repeté par les Echos,
Le someil vient sur moi répandre ses pavots.

Sur ce gazon, sous cet ombrage,
Jöüissons un moment des douceurs du repos,
Que m'a fait perdre mon Volage.

SCENE IV.

DAPHNIS, & SYLVIE *endormie.*

DAPHNIS.

JE porte vainement mes yeux de toutes parts;
De Sylvie en ces lieux la voix s'est fait entendre,
Et rien ne l'offre à mes regards.
Fatale erreur d'un cœur trop tendre!
Malgré ses perfides amours,
Je crois la voir sans cesse, & l'entendre toûjours.
Ah! faut-il encor que je l'aime!
Je l'apperçois; c'est elle-même.

SYLVIE *à demi éveillée.*

Daphnis!

DAPHNIS.

Ciel! quel songe imposteur
D'un nom qui lui fut cher entretient la Cruelle!
Non, Daphnis, n'est plus dans son cœur.

SYLVIE *à demi éveillé.*

Daphnis, ah ! que n'es-tu fidelle !

DAPHNIS.

Qu'entens-je ? quel regret ! cessons d'être allarmé ;
On m'accuse ; je suis aimé.

SYLVIE *éveillée, sans appercevoir Daphnis.*

Non ; n'espere jamais que mon cœur te pardonne ;
C'est trop aimer qui m'abandonne ;
Que vois-je ? Daphnis en ces lieux !
Fuyons.

DAPHNIS.

Demeurez, ma Bergere.

SYLVIE.

Moi, ta Bergere ! helas ! je ne te suis plus chere :
Une autre régne dans ton cœur ;
Ingrat, reconnois ton erreur ;
Perfide, ouvre les yeux ; je ne suis point Clyméne.

DAPHNIS.

Clyméne ! ô Ciel ! que me reprochez-vous ?

SYLVIE.

Va ; je sçais tout, la feinte est vaine.

DAPHNIS.

D'où vous vient ce soupçon jaloux ?

SYLVIE.

SYLVIE.

Ma Rivale à mes yeux a vanté sa Victoire.

DAPHNIS.

Elle rit de tous les Amans ?
Helas ! avez-vous pû l'en croire,
Malgré mes plus tendres sermens ?

SCENE V.

DAPHNIS, SYLVIE, CLYMENE.

CLYMENE.

L'Amour veut que tout soupire
Dans un si charmant séjour ;
Pour moi je n'y fais que rire
Des Amans & de l'Amour.
Les beaux jours de la Jeunesse
Sont pour les Ris & les Jeux ;
Ceux qu'on donne à la tendresse
Ne sont pas les plus heureux.
L'Amour, &c.

SYLVIE *à Clymene.*

Quel plaisir preniez-vous à rire de ma peine ?

CLYMENE *à Sylvie & à Daphnis.*

Je me suis fait un jeu de tout vôtre embaras,
Ne le pardonerez-vous pas
A l'indifferente Clymene ?

J'aurois pû d'un seul mot renoüer vôtre chaîne ;
Mais j'ai cru que l'Amour jaloux de cet emploi
S'en acquitteroit mieux que moi.

Elle s'en va.

SCENE VI.

DAPHNIS, SYLVIE.

DAPHNIS.

ELle fuït ; vous voyez vôtre injuſtice extréme.

SYLVIE.

Laiſſons d'inutiles regrets ;
J'ai reſſenti plus que vous même
Tous les maux que je vous ai faits.

DAPHNIS.

Que mon ſort eſt digne d'envie !

SYLVIE.

Ah ! que mon bonheur a d'attraits !
Je n'aime que Daphnis ;

DAPHNIS.

Je n'aime que Sylvie.

SYLVIE.

Que mon ſort eſt digne d'envie !

DAPHNIS.

Ah ! que mon bonheur a d'attraits !

ENSEMBLE.

Que nos ardeurs ſoient éternelles ;
Amour, régne ſur nous, lance de nouveaux traits :
Réünis deux cœurs ſi fideles,
Pour ne les ſéparer jamais.

On entend un bruit de Haut-bois.

DAPHNIS.

Ces lieux ſont enrichis des Epics qu'on moiſſonne ;
De nos Bergers ils comblent le bonheur ;
Nos Jeux vont commencer ; c'eſt moi qui les ordonne :
Permettez qu'avec vous j'en partage l'honneur.

SCENE VII.

DAPHNIS, SYLVIE.

Troupe de Bergers, de Bergeres, de Moissonneurs, & de Moissonneuses.

DAPHNIS.

HEureux Bergers, dans ces Retraites,
Cerés a comblé vos desirs;
Chantez sur les Haut-bois, chantez sur les Musettes,
Et ses Bienfaits & vos Plaisirs.

CHOEUR.

Cerés dans ces belles Retraites
A comblé nos plus chers desirs;
Chantons sur nos Haut-bois, chantons sur nos Musettes,
Et ses Bienfaits & nos Plaisirs.

On danse.

SYLVIE.

Jeunes Cœurs, l'Amour ordonne,
Que chacun aime à son tour;
Si tout brille en ce beau jour
Des Biens que la Saison nous donne;
Quel bonheur quand on moissonne,
Dans les Champs du tendre Amour!

On danse.

SYLVIE.

Que l'Amour est plein de charmes !
Et qu'il flâte nos desirs !
Il exige des soupirs ;
Il veut qu'on sente des allarmes,
Mais pour prix de quelques larmes
Qu'on moissonne de plaisirs !

On danse.

CHOEUR.

Célébrons, chantons tous
Les Plaisirs les plus doux.
Et vous, Echos des Bois,
Répondez à nos voix.

Fin de la premiere Entrée.

LES SOIRÉES D'ÉTÉ.

SECONDE ENTRÉE.

Le Théatre represente les Rives de la Seine ; on voit le Soleil prêt à se coucher.

SCENE PREMIERE.

ARGANTE, ZERBIN.

ZERBIN.

D'Où vient qu'avec tant de secret
Une Barque ici se prépare ?
Expliquez-vous ; je suis discret ?
Quel mystere ?...

ARGANTE.

Il eſt tems que je te le déclare ;
Mais lorſque mon cœur s'ouvre à toi,
Zerbin, ſonge à ton tour à me garder ta foi.

ZERBIN.

Vous pouvez compter ſur mon zéle.

ARGANTE.

Tu ſçais que j'ai conduit Hortenſe dans ces lieux.

ZERBIN.

Sans trop paroître curieux,
D'où vient ce nouveau ſoin que vous prenez pour elle ?

J'y crois entrevoir de l'amour :
Cependant, ſous les loix d'une auſtere tutelle
Elle a gémi juſqu'à ce jour.

ARGANTE.

Ce n'eſt qu'à mon amour extrême
Qu'il faut imputer ma rigueur ?
Je crains qu'un trop heureux vainqueur
Ne s'empare de ce que j'aime :
Je défends l'approche d'un cœur
Que je veux garder pour moi-même.

ZERBIN.

ZERBIN.

Croyez-vous qu'on daigne à son tour
Répondre à l'ardeur qui vous presse ?
Vous avez vécu plus d'un jour.
On peut chez la froide vieillesse,
Prendre des leçons de sagesse :
Mais jamais des leçons d'amour.

ARGANTE.

Pour un cœur que rien n'engage
Tout Epoux doit être égal ;
Et l'on peut plaire à tout âge
Quand on n'a point de Rival.

ZERBIN.

Hortense est sur le point de sortir d'esclavage,
Et bien tôt de vos soins vous perdrez tout le fruit.

ARGANTE.

Pour la derniere fois elle voit ce rivage.

ZERBIN.

Quoi ?...

ARGANTE.

Pour l'en éloigner, je n'atends que la nuit.

ZERBIN.

O Ciel !...

ARGANTE.

Parens, Amis, contre moi tout conspire,
Et Lisis en secret soupire,
C'est trop exposer tant d'appas;
Cachons-les dans des lieux soumis à ma puissance?
Tout est prêt; mais je vois Hortense:
Ne la contraignons point, toi, ne me trahis pas.

SCENE II.

HORTENSE, DORIS.

DORIS.

TOut ce que vous voyez a dequoi vous surprendre.

HORTENSE.

Je regarde par tout & ne fais qu'admirer;
Mais en foule en ces lieux pourquoi vient-on se rendre?

DORIS.

C'est pour voir & pour se montrer.

HORTENSE.

Pour se montrer?... c'est à vous de m'instruire,
Hé! pourquoi se montrer?

DORIS.

Pour donner de l'Amour.

HORTENSE.

Et cet amour, Doris, quel bien peut-il produire?

DORIS.

Vous l'éprouverez quelque jour.
Lisis à vos yeux va paroître...
Vous n'interrogez plus!

HORTENSE.

Je ne veux rien sçavoir.

DORIS.

Quoi? déja ses regards vous ont-ils fait connoître
Qu'il est dangereux de le voir?

HORTENSE.

Ah! qu'il laisse régner le calme dans mon ame:
Je le veux fuïr.

DORIS.

Rassurez-vous:
L'aveu de vos Parens autorise sa flâme;
Il veut devenir vôtre Epoux.

HORTENSE.

Argante y consent-il?

DORIS.

N'osez-vous de vous-même
Faire un choix qui flâte vos vœux ?

HORTENSE.

Pour faire un choix, on dit qu'il faut qu'on aime;
Et qu'on ne peut aimer sans être malheureux.

DORIS.

A ces leçons je reconnois Argante.

HORTENSE.

L'Amour, si je l'en crois, est un fatal poison,
Qui trouble le repos, & séduit la raison.

DORIS *appercevant Lisis.*

Sous une image plus charmante,
Lisis vient l'offrir à vos yeux.

HORTENSE.

Il approche, ah! quittons ces lieux:
Le seul nom d'Amant m'épouvente.

SCENE III.

LISIS, HORTENSE, DORIS.

LISIS.

Hortenſe, belle, Hortenſe, où portez - vous vos pas ?

HOTENSE.

Non, Liſis, ne m'arrêtez pas.

LISIS.

Quel injuſte couroux contre moi vous anime ?

HORTENSE.

On dit que vous m'aimez.

LISIS.

M'en faites-vous un crime ?
Hortenſe, belle Hortenſe, où portez vous vos pas ?

HORTENSE.

Non, Liſis, ne m'arrêtez pas.

Je fuïs les maux que l'Amour cauſe;
Tous vos ſoins doivent m'allarmer;
On m'a trop dit à quoi s'expoſe
Un jeune cœur qui veut aimer.

LISIS.

Quoi ? vous m'ôteriez l'eſperance
De vous voir répondre à mes feux!

HORTENSE.

L'Amour eſt un mal dangereux,
Laiſſez-moi mon indifference.

LISIS.

Non ; rien n'eſt ſi doux que l'Amour;
Rien n'a plus d'atraits que ſes flâmes;
Sans l'eſpoir même du retour,
Il ſçait l'art d'enchanter nos ames;
Ah ! pour être à jamais charmé,
S'il faut ſeulement que l'on aime;
Quel plaiſir ! quel bonheur ſuprême
D'aimer & d'être aimé !

HORTENSE.

Qu'entens-je ? quel nouveau langage!
Argante de l'amour, m'a fait une autre image.

Il le peint ſi cruel ; vous le peignez ſi doux;
Je ne ſçais qui de vous m'abuſe:
Mais je ſens en ſecret que c'eſt lui que j'accuſe;
Et ſi j'en crois mon cœur, je m'en rapporte à vous.

LISIS.

Quoi ? je puis esperer que mon amour vous touche.

HORTENSE.

Au seul nom de l'Amour, d'où vient qu'on m'effarouche ?
Et pourquoi me l'offrir sous des traits odieux ?
Est-il toûjours riant, aimable, gracieux
Tel que l'annonce vôtre bouche ;
Et tel qu'il paroît dans vos yeux ?

LISIS.

Que ne m'a-t'il prêté tout ce qu'il a de charmes
Pour forcer vôtre cœur à lui rendre les armes ?

HORTENSE.

Ah ! pour me garantir de son fatal pouvoir ;
Il faut cesser de vous entendre,
Et sur tout cesser de vous voir.
Retirons-nous, Doris.

LISIS.

Quoi ? sans daigner m'apprendre
Si mes feux...

DORIS

C'est à tort que vôtre amour se plaint.

LISIS.

Elle me fuit.

DORIS.

Elle vous craint,
Elle n'eſt pas loin de ſe rendre.
Mais les diſcours ſont ſuperflus ;
Songeons à prévenir le ſort qui vous menace ;
Hortenſe aux yeux de vôtre Argus
Pour la premiere fois vous avez trouvé grace ;
Les droits qu'il a ſur vous ſont encore abſolus ?
Peut être il vous prépare une éternelle abſence.

LISIS & HORTENSE.

Hé ! quoi ? nous ne nous verrions plus !

DORIS.

Zerbin eſt dans ſa confidence ;
Il m'aime, & ſi je veux lui donner quelque eſpoir,
Par lui je pourrai tout ſçavoir :
Mais en ces lieux chacun s'avance ;

Eloignez vous ; je vais chercher Zerbin,
Pour apprendre vôtre deſtin.

SCENE IV.

SCENE IV.

TROUPE D'HABITANS

des Rives de la Seine.

CHOEUR.

L'Amour va conduire en ces lieux
Toutes les Beautez qu'il enchaîne:
Aimables Rives de la Seine,
Que vous brillerez à nos yeux?

Le Soleil se couche.

On reprend le Choeur.

SCENE V.

ZERTIN, DORIS.

DORIS.

HE' ! quoi ; Zerbin est de la Fête ?

ZERBIN.

Crois-tu que les Plaisirs ne soient faits que pour toi ?

DORIS.

Je te soupçonnerois d'un dessein de Conquête,
Si tu pouvois brûler pour d'autres que pour moi.

ZERBIN.

Hé ! pourquoi d'une ardeur nouvelle,

Ne puis-je pas être enflâmé ?
Dois-je garder un cœur fidéle
A qui ne m'a jamais aimé ?

DORIS.

Sur une trompeuse apparence
Tu m'accusois d'indifference,
Lorsqu'en secret pour toi je brûlois à mon tour ;

Tu connois mal le cœur des Belles:
Plus Elles ressentent d'amour,
Et plus Elles sont les cruelles.

ZERBIN.

Non, non, je ne m'y trompe pas:
La vanité flâte les Belles;
Et l'on pique les plus cruelles
Dés qu'on néglige leurs appas;
Quand je te fuis, tu me r'apelles:
Si je reviens, tu me fuïras.

DORIS.

Zerbin, n'en doute plus, mon amour est sincere.

Quand l'amour est encor naissant,
Il n'en coûte guére
D'en faire un Mystere;
Mais quand le mal devient pressant,
Non, la plus severe
Ne sçauroit plus taire
Les feux qu'elle sent.

Tu vois que de ses feux mon cœur n'est plus le maître.

ZERBIN.

Par ce secret à ton cœur échappé,
L'espoir dans le mien doit renaître.
Doris, tu m'abuses peut-être;
Mais on est aisément trompé,
Quand on se plaît à l'être.
Adieu.

DORIS.

Quoi? me quitter si tôt!

ZERBIN.

C'est à regret; mais il le faut.

DORIS.

Réponds mieux à l'amour que je te fais connoître;
Tu me vois, je te vois; goûtons ce doux plaisir.

ZERBIN.

Bien-tôt, grace au soin de mon Maître,
Nous nous verrons tout à loisir.

DORIS.

Tout à loisir! que veux-tu dire?

ZERBIN.

Le reste de ce jour, je veux être discret;
Demain tu sçauras mon secret.

DORIS.

Non ; je veux tout ſçavoir, ſans tarder davantage ;
Parle, de ton ſecret, ma main ſera le prix ;
Cher Zerbin.

ZERBIN.

Ah ! je m'attendris :
Je crains qu'à trop parler mon amour ne m'engage ;
Fuïons...

DORIS.

Demeure.

ZERBIN.

Adieu, Doris.

DORIS.

Il fuït ; ſuivons ſes pas, achevons mon ouvrage,
Et ne le quittons point qu'il ne m'ait tout appris.

SCENE VI.

TROUPE D'HABITANS *des Rives de la Seine, de Mariniers & de Marinieres.*

GRAND CHOEUR.

ASſemblons-nous ſur ces Rivages :
Vents qui ſuſcitez les Orages,
Ne venez point troubler nos Jeux.

PETIT CHOEUR.

Que le calme le plus heureux
Regne ſur les Eaux de la Seine;
Qu'on ne reſpire ici que la plus douce haleine
Des Zéphirs amoureux.

GRAND CHOEUR.

Aſſemblons-nous ſur ces Rivages;
Vents qui ſuſcitez les Orages,
Ne venez point troubler nos Jeux.

On danſe.

DORIS.

Flambeau des Cieux,
Pour braver ton ardeur brûlante,
Nous cherchons ces aimables lieux.
Tout nous enchante
Dans ce Séjour,
Le Dieu d'Amour
Y tient ſa Cour.
Jeunes Zéphirs,
Vous y formez d'amoureux déſirs,
On croit entendre vos ſoûpirs;
L'Onde murmure doucement,
Et ſemble plaindre ſon tourment:
Tout déſire,
Tout ſoupire
Tout s'exprime tendrement.

La Lune se leve dans sa plaineur.

On danse.

DORIS.

Un nouvel Astre à nos Jeux est propice :
Que de sa gloire ici tout retentisse.

Dés que sous l'humide séjour
Le Soleil cache sa lumiere,
Vous commencez vôtre carriere.
Nous vous voyons à vôtre tour
Triompher de la nuit obscure ;
Vous dédomagez la nature
De l'absence du Dieu du Jour.

On danse.

DEUX HABITANS *des Rives de la Seine.*

Les beaux jours
Ne durent guére ;
Les beaux jours
Semblent trop courts.
Le Tems vôle d'une aîle legere ?
Doux Plaisirs, vous pressez son cours.

On danse.

Deuxiéme Couplet.

Suis les Jeux,
Tendre Jeunesse ;
Suis les Jeux,
Quand tu le peux ;

Voi ces flots qui s'écoulent ſans ceſſe,
Tes beaux jours vont paſſer comme eux.

On danſe.

DEUX HABITANS *des Rives de la Seine.*

L'Amour ſur ce Rivage
Fait naître mille ardeurs;
Qu'il fait un doux ravage!
Qu'il a d'attraits vainqueurs!

CHOEUR.

L'Amour, &c.

Remportez la Victoire
Dieu charmant, pour vôtre gloire
Triomphez de tous les Cœurs.

COEURS.

L'Amour, &c.

Embraſez juſqu'au ſein des Eaux;
Sous vos loix que tout s'engage,
Lancez des feux nouveaux.

CHOEUR.

L'Amour, &c.

SCENE VII.

SCENE IIV.

LISIS, HORTENSE, DORIS.

DORIS *à Hortenſe.*

C'Eſt trop vous allarmer, je réponds de Zerbin,
Pour Liſis il trahit ſon Maître,
Et pour prix de ſes ſoins je lui donne ma main ;
Il doit ſe rendre ici.

HORTENSE.

Ciel! qu'il tarde à paroître !
Argante peut le prévenir.
Liſis, je vous perds, que vais je devenir ?
L'Amour à vous entendre étoit ſi plein de charmes ;
Cependant, vous voyez mes mortelles allarmes.

LISIS.

Puis-je trop de l'Amour vous vanter les appas,
Aprés l'aveu que vous me faites ?
Sans lui je ne joüirois pas
Du trouble charmant où vous étes.

HORTENSE.

Mais, Zerbin, ne vient point.

DORIS.

Calmez ce vain effroi ;
C'eſt lui-même que j'apperçoi.

SCENE VIII.

LISIS, HORTENSE, ZERBIN, DORIS.

ZERBIN.

TEndres Amants, la Barque est prête ;
J'ai trompé les yeux du Jaloux ;
Venez ; c'est à l'Amour à couronner la Fête ;
Embarquons-nous.

Allons ; c'est à l'Amour à couronner la Fête ;
Embarquons-nous.

SCENE IX.

ARGANTE, *& les Acteurs de la Scene précédente.*

ARGANTE.

TOut répond à mon esperance . . .
Mais quel objet frappe mes yeux !

LISIS.

Hâtons-nous ; partons de ces lieux.

ARGANTE.

Arrête. Et toi cruèlle Hortense,
Est-ce-là ta reconnoissance?
Ai-je pour un Rival élevé ta Beauté ?
Quel prix de tant d'amour ! quel fruit de tant de peines !

HORTENSE ET LISIS.

L'Amour {lui / me} préparoit des chaînes;
L'Amour {lui / me} rend la liberté.

TOUS QUATRE.

Liberté, liberté.

ARGANTE.

Ils sont déja loin du Rivage;
Ah ! je m'abandonne à ma rage.

Fin de la seconde Entrée.

LES NUITS D'ÉTÉ.

TROISIEME ENTRÉE.

Le Théatre repreſente les Allées du Cours éclairées pour une Fête Nocturne.

SCENE PREMIERE.

VALERE *en Habit de Ville.*

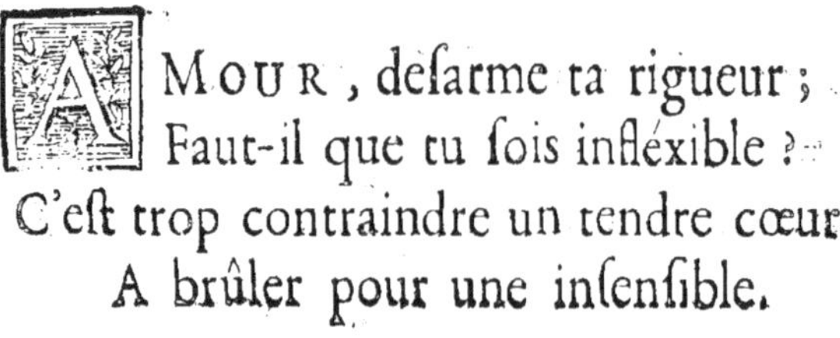

AMOUR, deſarme ta rigueur;
Faut-il que tu ſois inflexible?
C'eſt trop contraindre un tendre cœur
A brûler pour une inſenſible.

SCENE II.

OCTAVE & VALERE *en Habits de Ville*, BELISE & LUCINDE *déguisées*, *tenant leurs Masques à la main.*

BELISE *à Valere.*

D'Où vient, que loin de nous, vous détournez vos pas ?
Portez-vous vos chagrins jusqu'au milieu des Fêtes,
Vous rêvez ?

VALERE.

Je rêve aux Conquêtes
Que l'Amour offre à vos appas.
A vous faire la cour en tous lieux on s'empresse.

BELISE.

Les hommages que je reçois
Font honneur à vôtre tendresse;
C'est applaudir à vôtre choix;
Que de servir vôtre Maîtresse.

VALERE.

Quoi ? rien ne peut fixer vôtre volage humeur !

BELISE.

Non, je n'aime que vous & vous devez m'en croire.

Quand je puis d'un regard vainqueur,
Faire naître quelqu'autre ardeur;
Sans ressentir d'amour, je joüis de ma gloire:
Le triomphe flâte mon cœur;
Mais je néglige la victoire.

VALERE.

Triomphez, j'y consens; dans mille tendres soins
Cherchez une gloire nouvelle:
Mais ne prétendez pas, Cruelle,
Que mes yeux en soient les témoins,
Adieu.

BELISE.

Vous me quittez!

VALERE.

Ma présence vous gêne.

OCTAVE.

Valere, que fais-tu?

VALERE.

Je fuis une inhumaine.

OCTAVE *à Lucinde.*

Je vais suivre ses pas, son sort me fait pitié.

LUCINDE.

Demeurez.

OCTAVE.

Il nous quitte.

LUCINDE.

Hé bien ! que vous importe ?
Quoi ? se peut-il que l'amitié
Sur le plus tendre amour l'emporte ?
Vous balancez encor ! ah ! c'est trop m'outrager !

BELISE.

Laissons-là ces Amis fidéles,
Nous pourrons nous dédommager
Par quelques Conquêtes nouvelles.

LUCINDE *à Octave.*

Craignez tout, je puis me vanger.

SCENE III.

VALERE, OCTAVE.

VALERE.

Laisse-moi seul, suis ta Maîtresse ;
Cesse de t'attacher à moi.

OCTAVE.

Je vois à quel péril je m'expose pour toi ;
Mais dans ce trouble affreux, veux-tu que je te laisse ?

VALERE.

Ton amitié peut nuire à ta tendresse.

OCTAVE.

J'aime Lucinde, & je ne voudrois pas,
Qu'elle fit choix d'un autre chaîne.

VALERE.

Je puis finir ton embarras,
Et calmer ma mortelle peine.
Viens, tu n'as qu'à suivre mes pas.

OCTAVE.

Que prétens-tu ?

VALERE.

Ce lieu nous favorise,
Il faut sous des traits empruntez,
Eprouver Lucinde & Belise.

OCTAVE.

Par un mensonge adroit que le Masque autorise,
On découvre souvent d'étranges véritez:
N'importe, tentons l'entreprise;
Mais n'est-ce point trop tard ?

VALERE.

Nous n'irons pas bien loin,
Viens, tout est prêt, j'en ai pris soin.

SCENE IV.

SCENE IV.

TROUPE DE MASQUES *de divers caracteres.*

ENTRE'E DE MASQUES.

CHOEUR.

ACcourez brillante jeunesse,
L'Amour vous appelle en ces lieux;
Suivez le plus charmant des Dieux,
Dans vos plaisirs il s'interesse;
Accourez brillante Jeunesse,
L'Amour nous appelle en ces lieux.

SCENE V.

VALERE & BELISE *masquez.*

BELISE *sans connoître Valere.*

VOus me suivez par tout avec empressement.

VALERE.

Cessez de fuïr un tendre Amant;
Permettez que mon cœur s'attache
A tout ce que l'Amour a fait de plus charmant.

BELISE.

A vos regards avec soin je me cache;
Vous ignorez encor si j'ai quelques attraits,
Et pour moi vôtre cœur soupire!

VALERE.

Vos appas, sur mon cœur, n'ont pris que trop d'empire,

Vôtre masque un moment, m'a laissé voir vos traits?
Ce seul moment me doit suffire,
Pour ne les oublier jamais.

BELISE.

Ah! puisque vous me croyez belle,
Il faut vous laisser vôtre erreur.

VALERE.

Recevez l'hommage d'un cœur
Qui vous sera toûjours fidele.

BELISE

Cet hommage flâte mes vœux.

VALERE.

Quoi?... je puis esperer qu'on réponde à mes vœux!

BELISE.

Je me fais un plaisir extrême
Des feux que je puis allumer?
Je n'empêche pas que l'on m'aime?
Mais je ne réponds pas d'aimer.

VALERE.

De quelque Amant secret vous recevez l'hommage,

BELISE.

Il en est un que je préfére à tous;
Sous les loix de l'Amour, c'est lui seul qui m'engage:
S'il pouvoit être moins jaloux,
Je l'en aimerois davantage.

VALERE.

Il est jaloux! eh bien; punissez cet outrage,
Je m'offre à vous vanger,

BELISE.

Je ne puis le trahir ;
Non, malgré toute ma colere,
Je sens trop que mon cœur ne sçauroit le haïr.

VALERE.

Je ne veux songer qu'à vous plaire ;
Si la liberté vous est chere,
Mon cœur sur vos desirs réglera tous ses vœux.

BELISE.

Helas !

VALERE.

Vous soupirez ?

BELISE.

Que n'êtes-vous Valere !
Mon destin seroit trop heureux.

VALERE *se démasquant*

Ah ! ç'en est trop ; il n'est plus tems de feindre.

BELISE.

Que vois-je ?

VALERE.

Vous voyez un coupable soumis.

BELISE.

Ciel ! quel crime nouveau !

VALERE.

Cessez de vous en plaindre ;
L'Amour seul les a tous commis.

BELISE.

De vos ſoupçons jaloux n'ai-je plus rien à craindre?

VALERE.

Non; je ne veux plus vous contraindre?
Je tiendrai ce que j'ai promis.
Mais Lucinde en couroux remplit mon cœur de crainte.

BELISE.

Lucinde! quel eſt cet effroi?

Je crains que mon ami dans une même feinte,
N'ait pas le même ſort que moi.
Epargnons-lui des maux dont je ſerois la cauſe;
A l'objet de ſes vœux révélons ſon ſecret:
Dans le péril où je l'expoſe,
C'eſt le ſervir qu'être indiſcret.

SCENE VI.

CHOEUR.

ACcourez, brillante Jeuneſſe,
L'Amour vous appelle en ces lieux;
Suivez le plus charmant des Dieux,
Dans vos plaiſirs il s'intereſſe,
Accourez, brillante Jeuneſſe,
L'Amour vous appelle en ces lieux.

SCENE VII.

OCTAVE, LUCINDE.

OCTAVE *à part.*

Lucinde vient … feignons de soûpirer pour elle;
Dans des liens nouveaux tâchons de l'engager,
Et voyons si son cœur osera se vanger
Jusqu'à devenir infidele.

A Lucinde.

Au milieu des Plaisirs, des Jeux & des Amants
Vous êtes triste & solitaire!

LUCINDE.

C'est aux Beautez qui se piquent de plaire,
A profiter de ces heureux momens.

OCTAVE, *la priant d'ôter son masque.*

Si ce masque importun nous laissoit voir vos charmes,
Il oseroit vous démentir.

LUCINDE.

Non, je n'y dois pas consentir.

OCTAVE.

Craignez-vous que mon cœur ne vous rende les armes?

LUCINDE.

Laissez ce masque officieux,
En vous cachant mes traits, il prend soin de ma gloire.

OCTAVE.

Il me laisse entrevoir des yeux
Accoutûmez à la victoire.

LUCINDE.

Mon triste cœur jusqu'à ce jour
S'est flâté vainement d'une douce esperance;
Ces yeux où brille tant d'amour,
N'inspirent que l'indifference.

OCTAVE.

Non, mon cœur ne me trompe pas:
Il annonce à mes yeux l'Objet le plus aimable.

LUCINDE *se démasquant.*

Vôtre cœur m'est trop favorable,
Il faut le détromper...

OCTAVE.

Juste Ciel! que d'appas!
Non, mes yeux n'ont rien vû qui vous soit comparable.

LUCINDE.

Si j'en croyois ce doux transport
Je ne me plaindrois plus des rigueurs de mon sort.

OCTAVE.

Jamais ardeur ne fut plus belle.

LUSINDE.

Et bien vous meritez qu'elle soit mutuelle.

OCTAVE.

Quoi ? ſans me voir... mon bonheur eſt ſi grand,
Que je n'oſe encore y prétendre.

LUCINDE.

J'aime à regner ſur un cœur tendre,
Pour punir un Indifferent.

En amour je ne veux connoître
Qu'un cœur qui ſe laiſſe enflâmer.
La tendreſſe que je fais naître ;
Eſt pour moi la raiſon d'aimer.

OCTAVE *ſe démaſquant.*

Ciel ! qu'entends-je ? il eſt tems de rompre le ſilence ;
Voyez qui vous aimez & qui vous trahiſſez.

LUCINDE.

Que vois-je ? Octave !

OCTAVE.

Ingrate ! rougiſſez
De l'Amour, & de l'Inconſtance.

LUCINDE.

Il eſt vrai, je vous fais une mortelle offenſe ;
Mais pour la bien ſentir vous n'aimez pas aſſez.

OCTAVE.

Je n'aime pas aſſez, cruelle !

LUCINDE.

J'étois prête à brûler d'une flâme nouvelle,
Pourquoi, vous plaignez-vous d'un ſi juſte retour ?
Vous n'aviez pas aſſez d'amour
Pour mériter un cœur fidéle.

OCTAVE.

Ah ! ce nouvel outrage augmente mon couroux.

LUCINDE.

Que cet emportement m'eſt doux !

OCTAVE.

Recevoir d'autres vœux !

LUCINDE.

Mon bonheur eſt extrême !
Vous êtes devenu jaloux,
Je vois que vous m'aimez autant que je vous aime.

OCTAVE.

Que dites-vous ?

LUCINDE.

Valere que je voi,
Vous l'expliquera mieux que moi.

SCENE VIII.

SCENE VIII.

OCTAVE, LUCINDE, VALERE, BELISE.

VALERE *à Octave.*

DE ton déguisement, Lucinde étoit instruite;
Pardonne à ton Ami cette infidelité,
Tantôt quand elle t'a quitté;
J'ai vû son fier dépit, & j'en ai craint la suite.

BELISE.

De tous nos differends perdons le souvenir,
Et songeons à nous mieux unir.
Octave, imitez-moi; calmez votre colere.

OCTAVE.

Oublions tout puisqu'il le faut.

LUCINDE.

Non, non, si vous voulez me plaire,
Ne me pardonnez pas si-tôt.

TOUS QUATRE.

Pour former les plus douces chaînes
Ne contraignons plus nos désirs;
L'Amour n'offre que des plaisirs,
Les Amants font toutes leurs peines.

SCENE DERNIERE.

TROUPE DE MASQUES.

CHOEUR.

O L'aimable séjour ! ô la charmante Fête !
L'Amour nous fait vôler de Conquête en Conquête.
Et la nuit à son tour favorise nos vœux.
Rions, chantons, dansons ; que la brillante Aurore
A son retour nous trouve encore
Parmi les Plaisirs & les Jeux.

On danse.

Du Dieu qui fait aimer que tout chante la gloire
Il va rendre en ce jour tous les Sujets contents.
Qu'une si belle nuit remporte la victoire
Sur les jours les plus éclatants.

Symphonie.

Rossignols amoureux par vos doux ramages,
Vous semblez du Soleil celebrer le retour ;
Non, non, ce n'est qu'au tendre Amour
Que vous rendez ce tendre ramage,
Vous avez pris ses feux pour le flambeau du jour.

Du Dieu qui fait aimer, &c.

UN MASQUE.

Dieu propice aux tendres Amants,
Triomphe, regne dans nos ames ;

Lance tes traits les plus charmants,
Et répands tes plus douces flâmes.
Tout vôle au-devant de tes coups :
Amour, acheve ta victoire :
Que les Dieux même soient jaloux
De nos Plaisirs & de ta Gloire.

Dieu propice, &c.

On danse.

CHOEUR.

Quelle Nuit est plus charmante !
Le Jour même a bien moins d'appas.
Tout nous plaît, tout nous enchante ;
Les Ris & les Jeux vôlent sur nos pas ;
Tout répond à notre attente :
L'Amour qui nous suit, nous dit tout bas :
Du plaisir qui se presente,
Malheureux qui ne profite pas !

FIN.

APPROBATION.

J'A lû par l'ordre de Monseigneur le Chancelier, *Les Fêtes de l'Eté, Balet*, & j'ai cru que l'impression en seroit agréable au Public. Fait à Paris ce premier Juin 1716.

Signé, DANCHET.

PRIVILEGE DU ROY.

LOUIS par la grace de Dieu Roi de France & de Navarre: A nos amés & feaux Conseillers les gens tenant nos Cours de Parlement, Maîtres des Requêtes ordinaires de notre Hôtel, Grand Conseil, Prevôt de Paris, Baillifs, Senechaux, leurs Lieutenans Civils, & autres nos Justiciers qu'il appartiendra, Salut. Les Sieurs Besnier Avocat en Parlement, Chomat, Duchesne, & de la Val de S. Pont, Bourgeois de notre bonne ville de Paris, Nous ont fait remontrer, qu'en consequence de l'Arrêt de notre Conseil du 12. Decembre 1712. du Traité fait entre eux & les Sieurs de Francine & Dumont le 24 desd. mois & an, & de nos Lettres Patentes du 8. Janvier ensuivant, confirmatives du Traité, ils auroient acquis le Privilege de faire representer les Opera durant le tems de vingt années, à compter du 20. Aout 1712. ainsi que le Privilege de la vente des Paroles desd. Opera, lesquelles ils desireroient faire imprimer pour les donner au Public, s'il Nous plaisoit leur accorder nos Lettres de Privilege sur ce necessaires. A CES CAUSES desirant favorablement traiter les Exposans, attendu les charges dont l'Académie Royale de Musique se trouve oberée, & les grandes dépenses qu'il convient de faire tant pour l'impression que pour la gravûre en taille-douce des Planches dont ce Livre sera ornés, Nous leur avons permis & permettons par ces Presentes de faire imprimer & graver les Paroles & la Musique de tous lesd. Opera, qui ont été ou qui seront representez par d'Académie Royale de Musique, tant separément que conjointement, en telle forme, marge, caractere, nombre de volumes & de fois que bon leur semblera, & de les faire vendre & debiter par tout notre Royaume pendant le tems de dix neuf années consecutives, à compter du jour de la date desdites Presentes. Faisons défenses à toutes personnes, de quelque qualité & condition qu'elles puissent être, d'en introduire d'impression étrangere elns aucun lieu de notre obéïssance; & à tous Imprimeurs, Libraires, Graveurs, & autres, d'aimprimer, faire imprimer, vendre, faire vendre, debiter, ni contrefaire lesdites impressions, planches & figures, en tout ni en partie, sans la permission expresse & par écrit desdits Sieurs Exposans, ou de ceux qui auront droit d'eux, à peine de confiscation des Exemplaires contrefaits, de six mille liv. d'amende contre chacun des contrevenans, dont un tiers à Nous, un tiers à l'Hôtel-Dieu de Paris, l'autre tiers ausdits Sieurs Exposans, & de tous dépens, dommages & interêts, à la charge que ces Presentes seront enregistrées tout au long sur le Registre de la Communauté des Imprimeurs & Libraires de Paris, & ce dans trois mois de la date d'icelles; que la gravûre & impression desdits Opera sera faite dans notre Royaume & non ailleurs, en bon papier & en beaux caracteres, conformement aux Reglemens de la Librairie, & qu'avant de les exposer en vente il en sera mis deux Exemplaires dans notre Bibliotheque publique, un dans celle de notre Château du Louvre, & l'autre dans celle de notre tres-cher & feal Chevalier Chancelier de France le Sieur Phelypeaux, Comte de Pontchartrain, Commandeur de nos Ordres, le tout à peine de nullité des Presentes, du contenu desquelles vous mandons & enjoignons de faire joüir lesd. Sieurs Exposans, ou leurs ayant cause, pleinement & paisiblement, sans souffrir qu'il leur soit fait aucun trouble ou empêchement. Voulons que la copie desdites Presentes, qui sera imprimée au commencement ou à la fin desd. Opera, soit tenuë pour dûëment signifiée, & qu'aux copies collationnées par l'un de nos amés & feaux Conseillers & Scretaires foi soit ajoûtée comme à l'Original. Commandons au premier notre Huissier ou Sergent de faire pour l'execution d'icelles tous Actes requis & necessaires, sans demander autre permission, & nonobstant Clameur de Haro, Charte Normande & Lettres à ce contraires: Car tel est notre plaisir. Donné à Versailles le 20. jour d'Aout l'an de Grace 1713 & de notre Regne le soixante-onziéme. Par le Roi en son Conseil signé BESNIER avec paraphe, & scellé.

Nous avons cedé à M. Ribou le present Privilege suivant le Traité fait avec lui le 17. Juillet dernier 1713. A Paris le 22. Aout 1713. Signé BESNIER.

Registré sur le Registre avec la Cession, n. 3. de la Communauté des Libraires & Imprimeurs de Paris, page 648. n. 741. conformement aux Reglemens, & notamment à l'Arrêt du 3. Août 1703. Fait à Paris ce 11. *Septembre* 1713. L. JOSSE, Syndic.

A PARIS. De l'Imprimerie de J. B. LAMESLE, ruë des Noyers, 1725.

www.ingramcontent.com/pod-product-compliance
Lightning Source LLC
LaVergne TN
LVHW020047170826
845678LV00001B/461

* 9 7 8 2 3 2 9 6 7 9 5 3 2 *